Notre Aventure Sur l'Île Aux Grenouilles

Written by Beth Berger Caldwell

STUDIO OF BOOKS
THE SPACE FOR YOUR MESSAGE

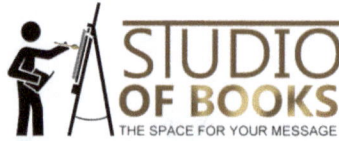

Studio of Books LLC

5900 Balcones Drive Suite 100

Austin, Texas 78731

www.studioofbooks.org

Hotline: (254) 800-1183

Informations sur les commandes :
Des remises spéciales sont accordées aux sociétés, associations et autres pour les achats en quantité. Pour plus de détails, contacter l'éditeur à l'adresse ci-dessus.

Imprimé aux États-Unis d'Amérique.

ISBN-13: Softcover   978-1-968491-37-6
          Hardback   978-1-968491-38-3
          eBook   978-1-968491-39-0

Library of Congress Control Number: 2025915788.

Je souhaite dédier ce livre à mon merveilleux papa, Allen Berger. Tu as toujours été notre soutien inconditionnel. Tu m'as offert une vie merveilleuse et m'as appris que je pouvais accomplir tous mes rêves. Je tiens également à remercier mon mari, Robert Caldwell, pour avoir édité les photos.

Ce livre est la propriété de :

L'Aventure Commence

Rana se réveille et appelle Tournesol. Polli marmonne en dormant : « Rana, qu'est-ce qui se passe ? » « Écoute ce que je dis à Tournesol.

Marguerite marmonne : « Il est trop tôt pour que quelqu'un appelle. » Lorsque Tournesol répond à son téléphone, elle s'écrie : « Il vaut mieux que ce soit important ! !!
"

« Tournesol, c'est Rana et c'est important !
Marguerite et toi devez venir ici tout de suite ! !!
Habillez-vous et venez vite !!!

« Polli, tu dois t'habiller et dès que Tournesol et Marguerite seront là, tu les amèneras tout de suite au clubhouse » « Rana, qu'est-ce qui se passe ? » « Polli, je te le dirai dès que tout le monde sera là ».

Tournesol essaie de réveiller Marguerite. Marguerite réveille-toi ! !! Réveille-toi Marguerite ! !! » « Tournesol s'en va, il est trop tôt pour se lever. » Se plaint Marguerite.

Ok Marguerite, tu vas rater ce qui semble être une grande aventure. » Dit Tournesol.

« D'accord, Tournesol, je vais me lever ». Marguerite marmonne. « Mes amies se font réveiller par leurs frères et sœurs chantant la chanson du bonjour. Et moi, j'ai Sparkles qui me saute dessus et me crie de me lever ! VOUS Y CROYEZ ? ? ???

Rana se rend au club house et commence à dessiner la carte dont elle a rêvé, qui indique comment se rendre sur l'île aux grenouilles.

Marguerite frappe à la porte d'entrée de la maison de Rana

Marguerite continue à frapper et dit : « J'espère que quelqu'un viendra ouvrir, comme ça Rana ne nous en voudra pas d'avoir mis autant de temps à venir ».

Gizmo et Polli ouvrent la porte. Gizmo salue
Marguerite et Tournesol. Comment allez-vous
les filles ? ”

Tournesol : « Gizmo, merci de nous avoir ouvert la porte. Nous allons bien, Rana nous a dit de nous dépêcher et de venir ici ». Gizmo dit : « De rien. On ne sait jamais ce que Rana prépare ? Je sens qu'il y a des manigances dans l'air ».

Polli dit : « Rana, nous sommes toutes là. Peux-tu nous dire ce qui se passe maintenant ?

Dit Rana. « Polli, Marguerite et Tournesol entrez et asseyez-vous, je vais tout vous raconter ».

Rana commence à tout expliquer. « La nuit dernière, j'ai rêvé de l'île aux grenouilles. Elles sont de différentes tailles et de différentes couleurs ». Tournesol demande : « Comment y arriver ? »

« Tournesol, nous avons un long chemin à parcourir. D'abord, il faut aller au Mont Couch et à la Vallée de Lave ». dit Rana. Tournesol demande à Rana : « Combien de temps nous faudra-t-il pour y arriver ? » « Tournesol, il y a un million de kilomètres entre chaque ligne, je pense que ça va prendre toute la journée », dit Rana.

Polli dit : « Nous ne voulons pas oublier les collations, nous pouvons les obtenir de Doug au restaurant ». « Polli, je suis d'accord, il faut beaucoup de biscuits et de bonbons. Nous irons chercher les collations ». Dit Marguerite. Polli dit : « Tournesol et Rana, Marguerite et moi serons de retour dans 10 minutes ».

Alors que Polli et Marguerite sortent en courant du club house, elles crient « Ok ».

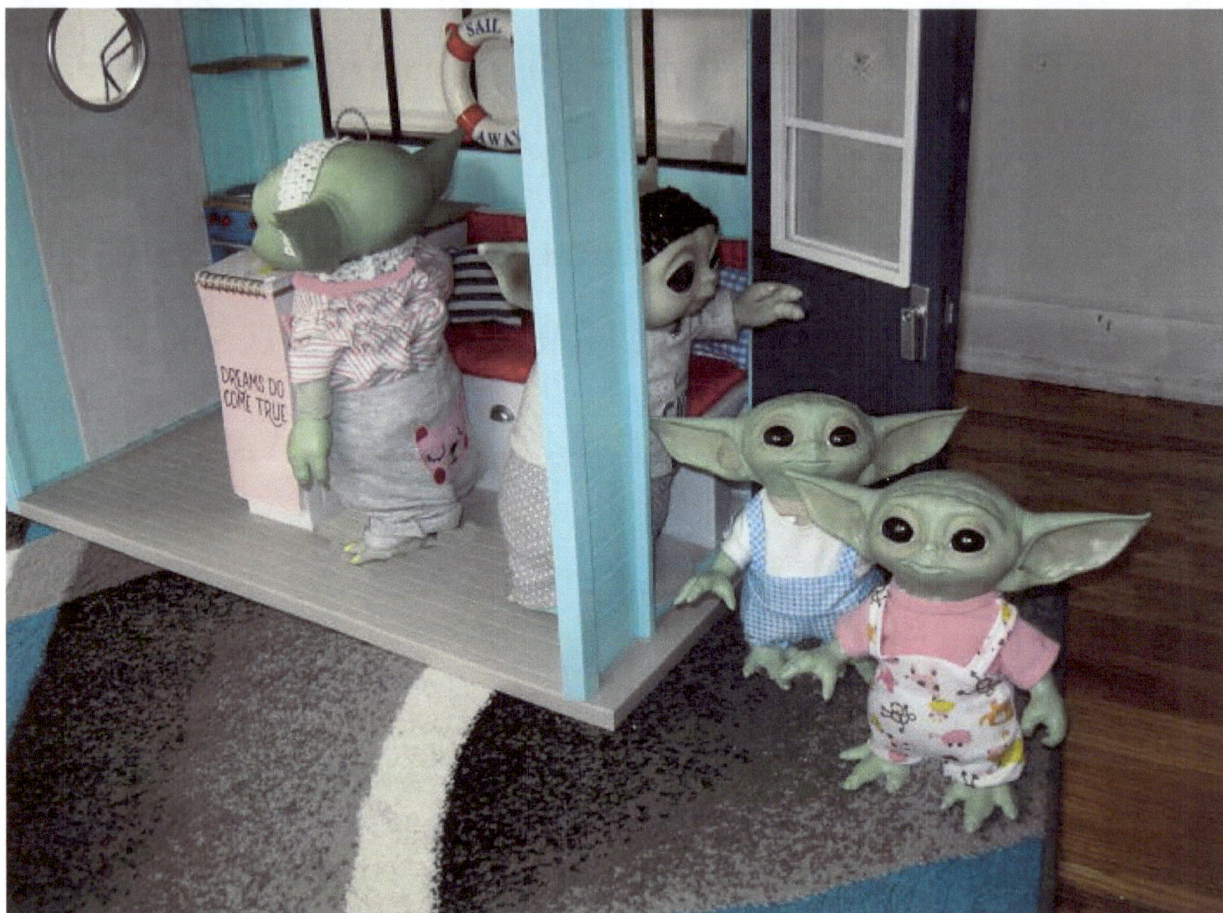

Doug, au restaurant, dit : « Bonjour Polli et Flare. Comment puis-je vous aider ? »

Marguerite dit : « Bonjour Doug, nous avons besoin de beaucoup de collations. Nous partons pour une grande aventure aujourd'hui avec Tournesol et Rana. Nous sommes très pressées. Il va nous falloir toute la journée pour y arriver, c'est à des millions de kilomètres d'ici ».

Doug sourit. « Polli, donne-moi ton sac à dos et je le remplirai de collations ».

Doug revient avec un sac à dos plein. « Polli, voici ton sac à dos ». Polli et Marguerite, quand vous reviendrez, vous devrez me raconter votre aventure. Amusez-vous bien et soyez prudentes.

L'Ours Marin dit : « Excuse-moi Doug, Kitty a renversé la moutarde et le ketchup sur ses genoux».

Alors que Rana et Tournesol sortent du club house, Rana dit à Tournesol. « J'ai demandé à Molly, au garage, de vérifier notre voiture ». « Rana, c'était une très bonne idée ».

Molly dit : « J'ai vérifié votre voiture et tout est en bon état. Où allez-vous pour cette aventure les filles ? » Rana dit : « Molly, merci d'avoir vérifié notre voiture. Nous partons pour une grande aventure ». Tournesol intervient et dit : « Nous partons pour une aventure de shopping ».

« Eh bien, passez un bon moment ». dit Molly en s'éloignant. « Je suis contente que la voiture soit en bon état. Rana, préparons-nous à partir ». « Polli et Marguerite ne devraient pas tarder à revenir ». « Rana, je pense que nous avons tout ce qu'il faut ».

Polli et Rana reviennent en courant du restaurant.
Polli crie : « Nous avons les collations, allons-y ! !!
». Sobald Daisy und Polli im Auto sitzen, sagt Une

fois Marguerite et Polli montées dans la voiture, Rana dit en tendant à Polli et à Marguerite son calepin et son stylo : « Tenez-les bien, ils sont très importants pour notre aventure ».

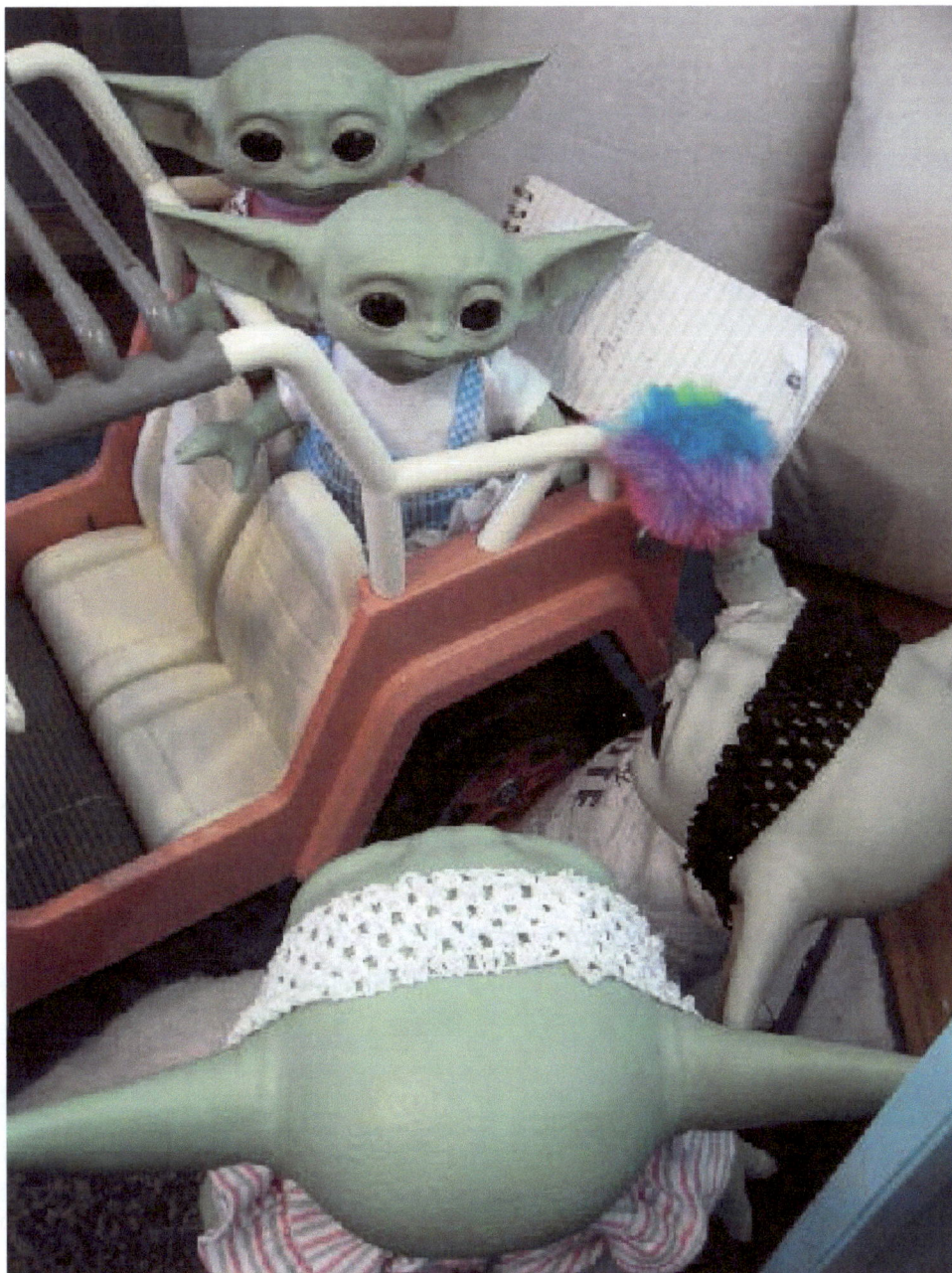

Tournesol demande : « Est-ce que tout le monde est à l'aise ? Nous avons une longue route à faire ». Rana dit : « Le premier endroit où la carte nous envoie est le mont Couch ».

NOTRE VOYAGE VERS LE MONT COUCH ET AU- DELÀ

Polli et Marguerite se plaignent : « Cela fait une éternité que nous roulons. Sommes-nous déjà arrivées ? » Rana dit : « Non, Polli et Marguerite, nous avons encore beaucoup de chemin à parcourir avant d'arriver au Mont Couch ». Et si vous cherchiez toutes les deux une grande montagne qui ressemble à un canapé ?

Marguerite demande : « Polli, est-ce que ça ressemble au Mont Couch, là-bas ? » « Marguerite, je crois que oui », répond Polli.

Polli et Marguerite crient « Rana et Tournesol, on voit le Mont Couch, c'est juste là ! !! » « Il y a un peu de brouillard ici », dit Tournesol

« Je pense qu'il n'y a pas de danger à laisser la voiture ici » Tournesol, « Je suis d'accord, la voiture sera très bien ici ». Dit Rana.

Rana dit, « Juste un rappel avant de sortir de la voiture. Nous devons traverser le Mont Couch et la Vallée de Lave pour arriver à la Grotte des Oreillers, dans mon rêve nous devons y aller pour récupérer les baguettes magiques ». Rana rappelle à tout le monde : « Nous devons rester sur les montagnes en permanence, sinon nous serons brûlées par la lave. Nous devons être prudentes ». "

Polli dit : « Je veux y aller en premier ». « Polli, accroche-toi bien à la corde. Ça devrait être facile, ce n'est pas très haut, mais c'est raide ». dit Rana. Polli dit : « C'était une montée facile ». Je suis contente que nous ayons apporté cette corde rouge.

Marguerite crie : « Je veux passer après ! !! »
Tournesol dit : « Marguerite, fais attention.
Prends ton temps ».

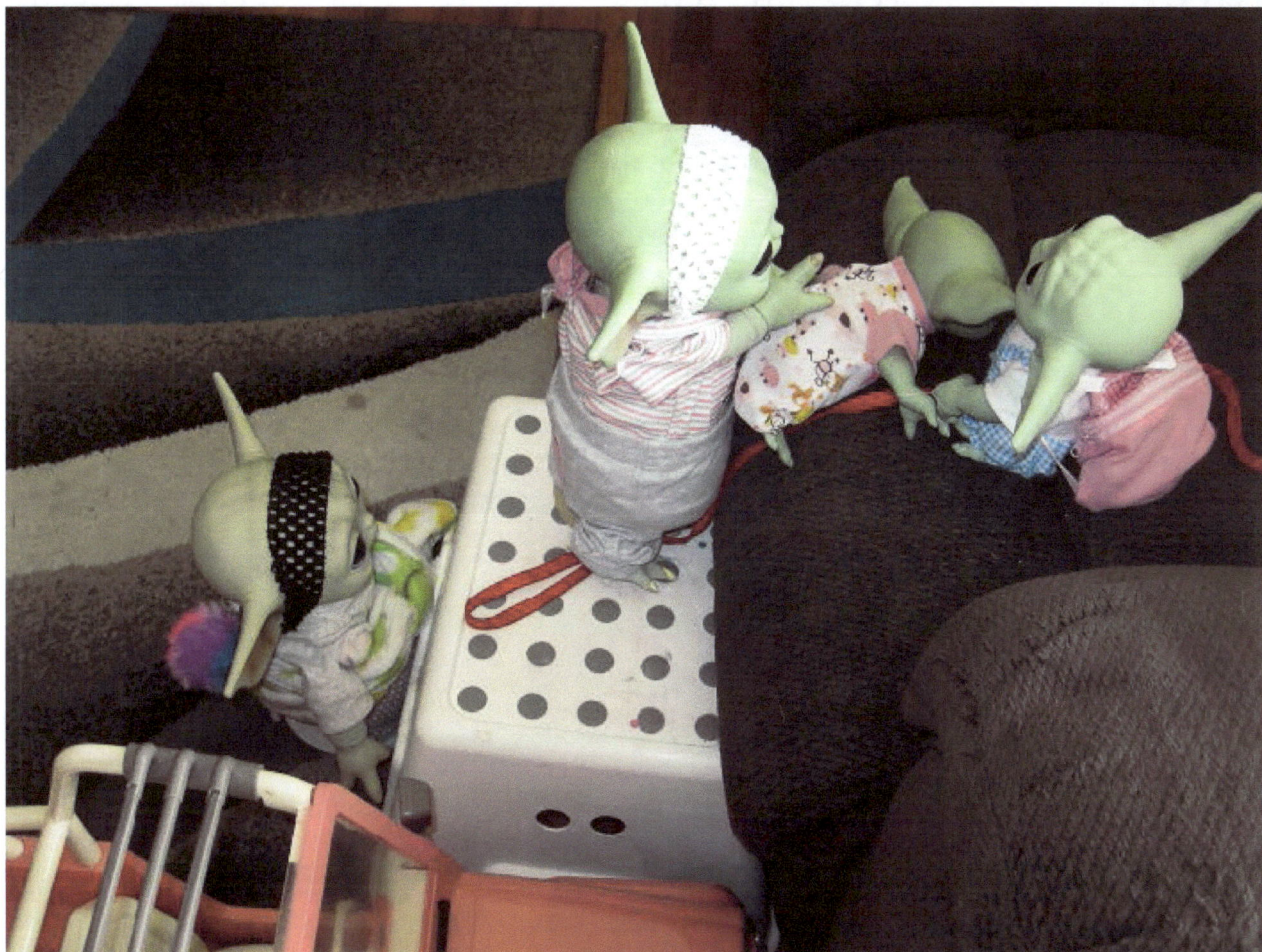

« Oh Tournesol, tu t'inquiètes trop » dit
Marguerite. Tournesol dit : « Je n'ai pas un bon
pressentiment ».

Polli et Marguerite disent : « Tournesol, tout va bien se passer. Comme l'a dit Polli, c'était facile ». Tournesol a du mal à monter sur la montagne. Rana propose : « Je vais attacher la corde rouge autour de la taille de Tournesol. Polli et Marguerite tirent fort et moi je pousse Tournesol ».

Une fois Tournesol sur le Mont Couch, Rana grimpe pour rejoindre tout le monde.

« Polli et Marguerite, je suis d'accord que c'était facile ». dit Rana. « Il ne nous reste plus qu'à traverser le Mont Couch ».

Tournesol dit : « Polli et Marguerite ne nous devancent pas trop, on ne sait pas ce qu'il y a là-bas » Polli murmure à Marguerite : « Je crois que Tournesol s'inquiète beaucoup et qu'elle a peur de tout » Marguerite murmure à Polli : « Je sais que c'est le cas. J'espère que cette aventure changera cela ».

Rana dit : « Nous sommes au bout du canapé. Nous devons maintenant traverser le pont des couvertures ». Polli et Marguerite courent pour regarder le pont. Rana dit : « Polli, accroche-toi bien et prends ton temps ».

Polli glisse sur le pont en riant tout le temps.
Polli crie : « J'ai réussi, c'était tellement sympa ».
« Marguerite, c'est facile. Viens par ici ! ! »

Marguerite s'écrie : « Je veux être la prochaine ».
Tournesol dit à Marguerite de s'accrocher et de
faire attention.

Tournesol : « Marguerite, je t'ai dit d'être
prudente !!!!! » Marguerite répond : « Je le suis.
C'est tellement amusant !!!! » Une fois arrivée de
l'autre côté, Marguerite s'écrie : « J'ai réussi. » "

Polli et Marguerite crient : « Qu'est-ce qui vous prend tant de temps ? » Rana répond en criant : « Laissez-nous une chance, nous sommes en train de parler. »

Tournesol chuchote à Rana : « J'ai peur de traverser le pont parce qu'il est très haut. Je n'aime pas les hauteurs ».

« Tournesol, ne regarde pas en bas et continue à regarder Marguerite et Polli, tout ira bien. Je serai juste derrière toi ». Rana essaie de réconforter Tournesol.

« Ok Rana, je vais le faire ». Tournesol dit tout doucement.

Tournesol se met à crier : « AHHHHHHHHHHHHHHH AIDEZ-MOI ! !!!!! ». CE N'EST PAS BIEN !!!!!!! »

Polli, Rana et Marguerite encouragent Tournesol : « Continue Tournesol !!! Tu te débrouilles bien ! !! Tu es presque à la fin !!!! »

Tournesol dit : « Dieu merci, j'ai réussi. Je pense que je vais juste m'allonger ici avant de m'évanouir, prévenez-moi quand Rana arrivera ».

« Rana crie » : « Tournesol, ne prends pas trop tes aises. Je serai là dans une seconde ».

Tournesol marmonne : « Il faut que ça devienne plus facile. Tout ce que nous avons fait jusqu'à présent était terrifiant. »

« Tournesol, c'est facile, nous ne faisons que traverser la vallée des chaises et la montagne de la Table sera plate ». Polli dit que Tournesol dit : « Je vois la grotte des oreillers, il faut juste qu'on trouve comment y descendre. »

Tournesol hausse le ton. « Polli et Marguerite, arrêtez de jouer, vous allez tomber toutes les deux ». Polli dit : « Ne t'inquiète pas Tournesol, on ne va pas tomber, on s'accroche bien. On peut toujours sauter en bas et le sable a l'air doux ».

Rana dit : « Polli, Marguerite et Tournesol, je pense que nous pouvons glisser le long du lampadaire. Ce sera plus sûr que de sauter ».

Tournesol s'approche du bord. « Rana, je ne pense pas qu'il soit prudent de glisser le long du lampadaire, c'est un long chemin ». « Rana dit : Tournesol, tu es trop proche du bord, tu risques de tomber de là ! »

« Rana, j'insiste sur le fait qu'il y a un moyen plus sûr pour descendre à cet endroit ». Tournesol regarde à nouveau par-dessus le bord, perd l'équilibre et tombe.

Tournesol crie pendant toute la chute : « AHHHHHH à l'aide ! AHHHHHH !!!! » Puis tout le monde entend un bruit sourd et plus de cris. Tout le monde entend Tournesol crier à nouveau : « Pourquoi tu restes là ? ?? Aide-moi !!!!! » Rana crie vers le bas : « Tournesol, ça va ? ? Je descends maintenant. Tout va bien se passer ! » Rana se précipite vers le bas pour vérifier l'état de Tournesol. Alors que Rana glisse vers le bas, elle perd l'équilibre et tombe sur le sol.

Dès que Rana se rend compte qu'elles vont bien, elle se met à rire. Tournesol : « Je vais bien, et Rana ARRÊTE de rire, on aurait pu se blesser !!! »

Marguerite et Polli crient : « Tournesol et Rana, est-ce que vous allez bien toutes les deux ? Ne vous inquiétez pas, on arrive ».

Polli et Marguerite se regardent et comptent. Un, deux, trois, elles lâchent prise et nous atterrirons près ou sur Rana et Tournesol.

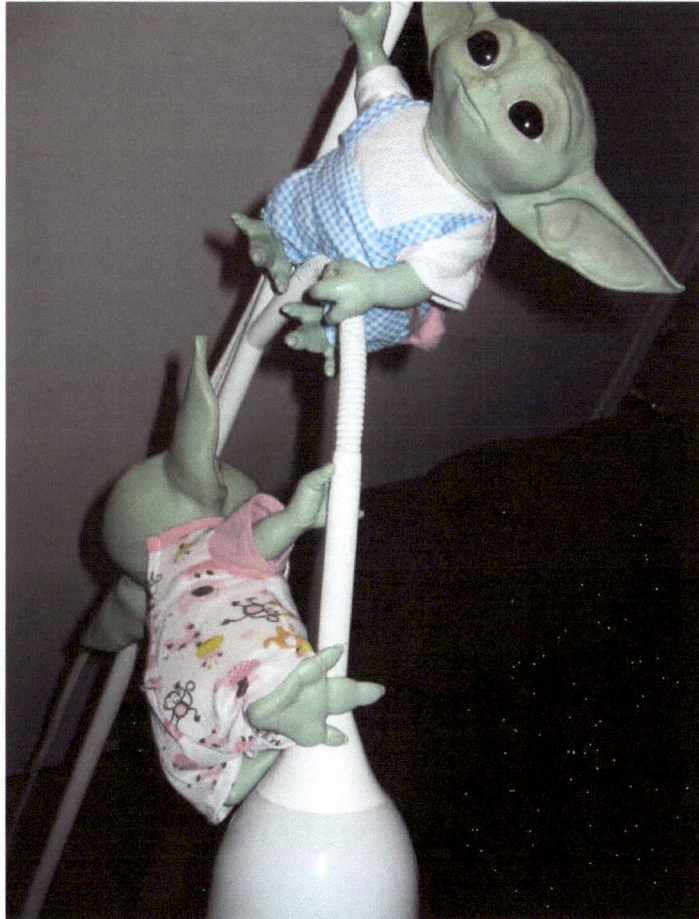

Tournesol crie : « VOULEZ-VOUS CESSER DE JOUER ! !! Descendez lentement et en toute sécurité ! »

Marguerite crie : « Trop tard, nous voilà. »

Polli demande : « Marguerite, on aurait peut-être dû atterrir sur nos pieds. » Polli et Flare se mettent à rire. Puis elles entendent Tournesol : « Oh, pourquoi moi ? Êtes-vous toutes folles ? »

Rana dit : « Au moins, on s'en est sortis et on va bien ».

Tournesol demande : « Rana, pensez-vous que nous devrions agir de manière aussi imprudente ? ».

« Oh Tournesol, nous allons toutes bien et Marguerite et Polli s'amusent ».

DRAGON DONOVAN

Alors que nous approchons de la grotte des oreillers, nous apercevons un grand dragon. Tournesol dit : « Je ne pense pas que nous devrions entrer là-dedans, Rana, il y a un dragon dans la grotte ». « Tournesol, souviens-toi que j'ai chevauché le dragon de ma mère. Ce n'est pas un problème, laisse-moi d'abord lui parler ».

La première chose qu'elles entendent, c'est : « Qui est là ? ». « Bonjour, je suis Rana. Voici mes amies Tournesol, Marguerite et ma petite sœur Polli ». « Bonjour, je suis Dragon Donovan »

Rana dit à Donovan, « J'ai rêvé la nuit dernière de l'île aux grenouilles. Nous devions venir ici pour obtenir les baguettes magiques qui nous aideront à y aller. Est-ce que tu sais quelque chose sur les baguettes ? » « Rana, oui, je les connais, elles sont juste au-dessus de ma grotte. Je vais vous aider à les trouver et ensuite je vous parlerai des baguettes et de leur fonctionnement. Polli et Marguerite montez sur moi et prenez les baguettes », dit Donovan.

Donovan se met à rire. « Polli, ça chatouille un peu. Allez Marguerite, ne t'inquiète pas, tu ne me feras pas de mal ». Tournesol a l'air inquiète. « Marguerite et Polli, faites attention. Ne vous faites pas de mal et ne faites pas de mal à Donovan. »

« Polli et Marguerite crient : « NOUS LES AVONS ! !! » Marguerite dit : « Attention, on arrive !!!!! » « Polli, on devrait les sortir à 3. » « Marguerite, tu sais pourquoi tout le monde fait toujours les choses à 3 ? » demande Polli. « Polli : Non. Je ne sais pas, sortons-les sur le 8 ». dit Marguerite. « Ok, ça me paraît bien », dit Polli. Polli dit « A l'unisson, Polli et Marguerite disent » un, deux, trois, quatre, cinq, six, sept, huit !!!!!!". Nous voilà arrivés !!!!!! »

Tournesol dit : « Marguerite et Polli, vous devriez faire plus attention, vous auriez pu vous blesser ou blesser Donovan ». « Tournesol, ne t'inquiète pas pour moi, les filles ne peuvent pas me faire de mal, n'oublie pas que je suis un dragon ». Donovan dit : « Je vais vous expliquer comment fonctionnent les baguettes pendant que nous mangeons ces délicieux biscuits ».

Donovan dit : « La baguette flocon de neige permet de parler et de comprendre n'importe qui dans les endroits froids. La baguette en forme de coquillage permet de parler et de comprendre n'importe qui dans les endroits chauds ».

« Je ne saurais trop insister sur ce point ; c'est très important ! Vous ne pouvez oublier cela. Si vous utilisez la baguette flocon de neige dans une région du sud où il fait chaud, il neigera sur la plage et les dauphins auront froid. Si vous utilisez la baguette coquillage dans le nord, où il fait froid, le soleil fera fondre toute la glace et les ours polaires transpireront. »

Donovan mange un biscuit et demande : « Est-ce que vous comprenez comment fonctionnent les baguettes ? » Polli dit : « La baguette en forme de coquillage que je tiens ne doit être utilisée que dans les endroits chauds ».

« La baguette flocon de neige ne doit être utilisée que dans les endroits froids ». Marguerite. « Polli et Marguerite, vous avez toutes les deux raison »

Tournesol dit : « Donovan, merci pour ton aide. Comme tu le sais, nous avons un très long chemin à parcourir, nous devons donc nous mettre en route ». Donovan demande : « Voulez-vous utiliser mon bateau ? » Tournesol prend la parole : « Oui, cela nous aiderait beaucoup. Nous n'avons pas pensé à la façon dont nous allions nous rendre sur l'île. Comment allons-nous te le ramener ? »"

Donovan répond : « Je sais que vous me le ramènerez en toute sécurité. Profitez de votre aventure ».

Polli et Marguerite montent les premières dans le bateau. « Rana, tu m'as poussée ! » se plaint Polli. « J'ai une drôle de sensation au niveau de l'estomac ».

Rana répond : « Polli, je ne t'ai pas poussée...Oh
! »

« Polli, pourquoi as-tu dû péter ??? »

À travers les rires de Polli, « Désolée Rana, c'est arrivé comme ça. Mais tu sais que mon estomac se porte mieux ». Rana dit d'un ton dégoûté « Polli, je suis si contente pour toi, maintenant monte dans le bateau ».

« Ok Rana, je vais me mettre à l'arrière du bateau, juste au cas où je pète encore ».

Donovan dit à Marguerite : « Porte ce collier, si jamais tu as besoin de mon aide, tiens-le vers le soleil et je viendrai t'aider ».

« Merci Donovan, je prendrai grand soin de ce magnifique collier ». dit Marguerite. « Donovan, je pense que Polli devrait le mettre dans son sac à dos pour qu'il soit bien gardé ».

« Polli, tu oublierais ta tête si elle n'était pas attachée ». Commentaire de Marguerite.

Polli dit « Peut-être que je devrais me mettre devant pour ne pas être malade ».

Les filles s'éloignent de Donovan. Polli ne cesse de regarder le collier et se dit qu'il est temps de le mettre dans son sac à dos pour ne pas le perdre. « Polli, je pense que c'est une bonne idée ». dit Rana.

« C'est tellement joli que je devais l'essayer. »
Donovan dit : « Soyez prudentes et bonne chance
!! » Les filles répondent à l'unisson : « Nous ferons
attention. Merci
pour tout. Au revoir Donovan ».

ÎLE DE L'ARBRE DE NOËL

Tournesol dit : « Regardez là-bas les lumières scintillantes au loin, ce doit être l'île de l'Arbre de Noël. J'aimerais qu'on aille plus vite, j'adore les choses qui brillent ». Rana, Marguerite et Polli disent à l'unisson : « Nous le savons ». Tout le monde rit.

« Oh, Rana, peux-tu s'il te plaît faire avancer le bateau plus vite ! !! » Il faut que je me rapproche pour voir toutes les choses qui brillent ou ma tête va exploser ! !! hurle Tournesol. Polli, Rana et Marguerite rient. Marguerite dit : « J'aimerais bien voir ça ».

Une fois arrivées sur l'île de l'Arbre de Noël, nous sommes toutes d'accord pour y passer du temps. Rana dit : « Nous devons nous serrer les coudes, il y a tellement de choses étincelantes à voir ».

Marguerite dit : « Je pense que si nous nous allongeons, nous pourrons mieux voir toutes les lumières. » Rana dit : « N'oubliez pas que nous ne pouvons pas rester trop longtemps, nous avons encore un long chemin à parcourir. »

Rana entend quelque chose venir de l'océan et se lève juste à temps pour voir un homard arriver sur la plage sur son traîneau tiré par des rennes. Rana agite la baguette pendant qu'ils surfent jusqu'à la plage. .

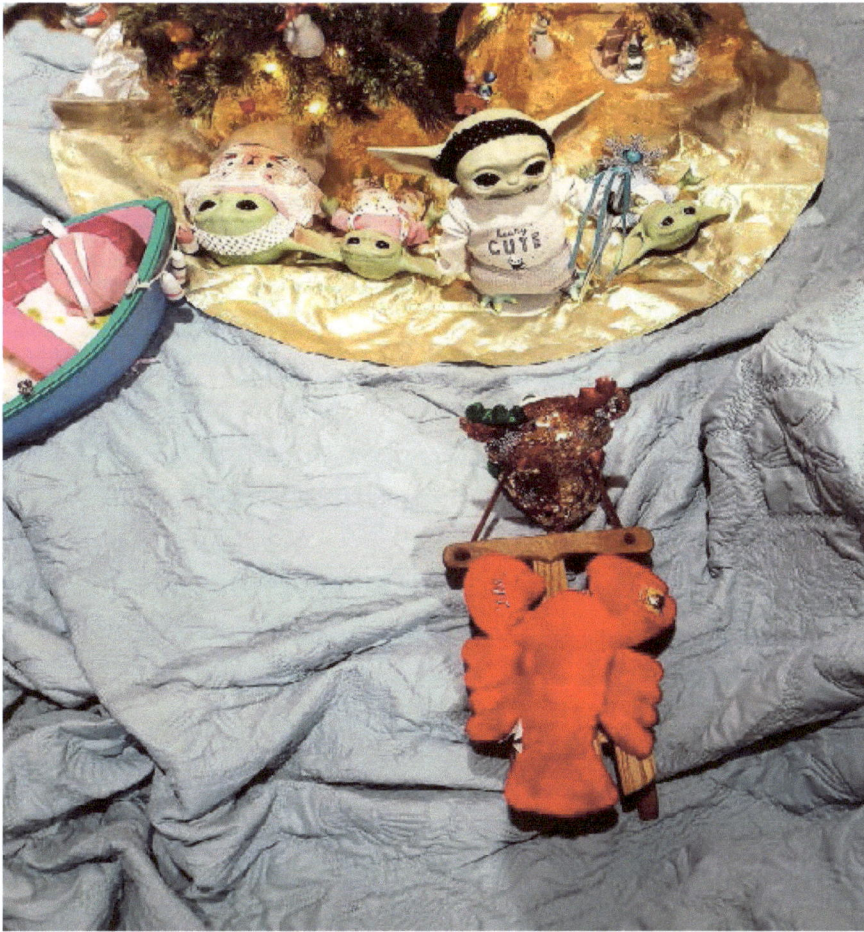

« Bonjour, je suis Rana ». « Bonjour Rana, je suis Allen et voici Glitter. Que faites-vous sur notre île ? » « Allen, nous venons de voir ces magnifiques lumières et nous voulions les voir de plus près. Voici ma sœur Polli, ma meilleure amie Tournesol et sa sœur Marguerite. Nous allons sur l'île aux grenouilles ».

Allen demande : « Voulez-vous vous joindre à nous près du feu pour un chocolat chaud ? » Tournesol dit : « Ce serait très gentil. Je vous remercie. Polli, va chercher nos biscuits pour les partager avec nos nouveaux amis ».

Alors que tout le monde déguste son chocolat chaud et ses biscuits, Polli regarde la montagne et voit quelque chose qui lui fait face. Polli demande : « Allen, qui est là, sur la montagne, à nous observer ? » Allen répond : « Polli, ne t'inquiète pas, c'est Bilbo de la montagne. Il reste sur la montagne et nous protège. Il croit qu'il est le roi de cette île et s'il voit quelqu'un arriver, il aboie pour faire fuir les gens. Enfin, s'il ne fait pas la sieste ». Tout le monde s'esclaffe.

Marguerite dit : « Allen et Glitter, votre île est magnifique et il doit être merveilleux de vivre avec un arbre de Noël géant. Je pense que le Père Noël aimerait vivre ici ». Allan : « Merci Marguerite » et dit : « Le Père et la Mère Noël viennent nous rendre visite une fois par an. En général, c'est en janvier, pour se détendre ».

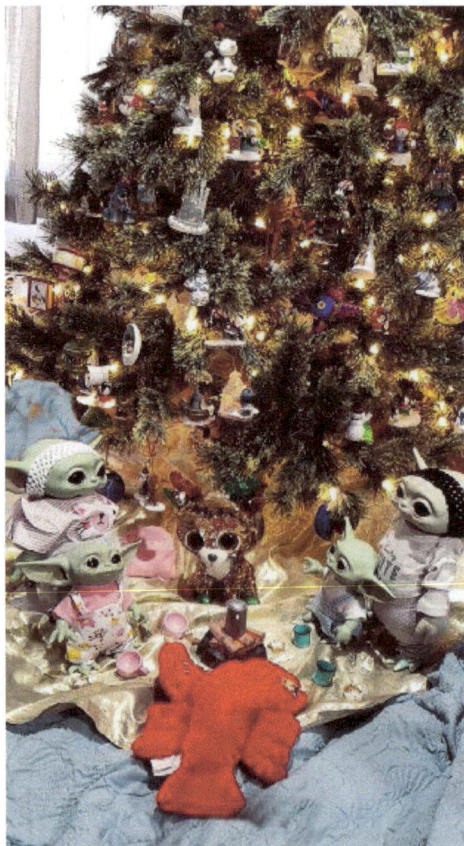

Glitter dit doucement : « J'adore voir les Claus et ça me manque de vivre avec eux ».

Tournesol demande : « S'ils te manquent tant, pourquoi es-tu venu ici ? »

« Tournesol, je suis l'un des rennes volants du Père Noël, mais j'ai le vertige, mais j'adore nager et jouer dans l'océan. J'ai beaucoup de chance qu'Allen m'ait demandé de vivre ici avec lui. Je me sens mal que les hauteurs me fassent peur ».

Tournesol dit : « Je suis aussi effrayée par les hauteurs ». « Tournesol, penses-tu que les gens te regardent de haut à cause de ta peur ? » Demande Glitter. Tournesol répond : « Glitter, mes amies m'aident à surmonter ma peur et me font sentir que tout va bien. En fait, Rana m'a aidée à traverser un pont de couverture pour que nous puissions commencer notre aventure ». « Glitter, c'est normal d'avoir peur des hauteurs, personne ne se moque de toi ». dit Tournesol.

Allen se joint à la conversation et dit : « Glitter, autant que je sache, personne ne s'est moqué de ta peur, tout le monde veut que tu sois heureux. En fait, je suis très heureux que tu aies emménagé ici. »

Allen asks after joining everyone else. "How long have you been looking for Frog Island?

Rana dit : « Nous avons quitté le Dragon Donovan avant d'arriver ici. J'espère que nous allons dans la bonne direction ». Allen confirme, « Vous allez dans la bonne direction. Continuez à vous diriger vers le sud. Je n'y suis jamais allé. C'est trop loin pour y faire du surf ». Polli demande : « Tu sais comment y aller ? » Allen répond : « Je ne sais pas comment, mais l'orque Orson le sait peut-être, il se déplace beaucoup. » « Je sais que M. et Mme Noël le sauraient, mais ils sont partis la semaine dernière ». dit Glitter

Rana dit : « J'ai été ravie de vous rencontrer, mais je crois qu'il faut qu'on se mette en route. Merci pour tout, Allen et Glitter. »

Tout le monde se dit au revoir. Alors que nous quittons l'île de l'Arbre de Noël, nous saluons nos nouveaux amis Allen et Glitter.

ORSON ORCA

Tournesol dit : « Il faut continuer à chercher
Orson. »
Marguerite et Polli demandent, « Sommes-nous
arrivées ? »

« Marguerite et Polli, nous recherchons un orque. Ce n'est pas un lieu. Vous savez ce qu'est un orque, n'est-ce pas ? » demande Rana. Polli, d'une voix blessée, répond : « OUI, nous savons ce qu'est un orque. C'est une grosse baleine noire et blanche. Elle fait partie de la même famille que les dauphins et les globicéphales ».

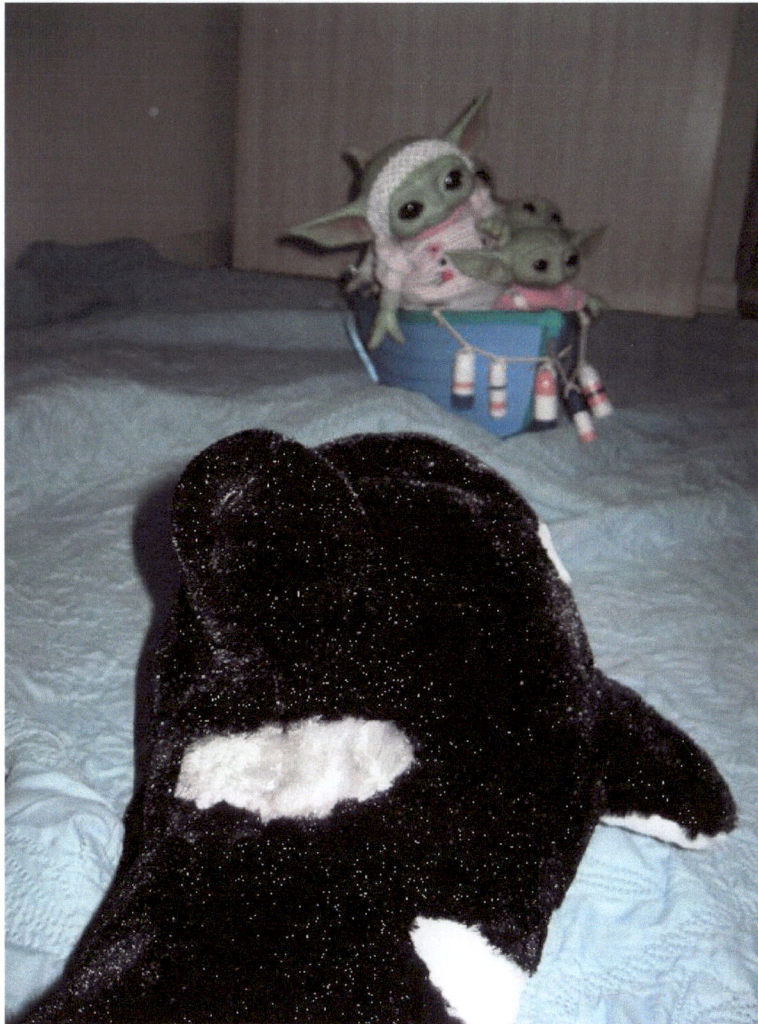

Tournesol crie : « Je crois que je vois Orson là-bas. » Rana crie : « Es-tu Orson l'orque ? » Marguerite agite la baguette et Orson nage jusqu'à elles. « Oui, je suis Orson, comment puis-je vous aider, les filles ? »

Les filles disent à l'unisson : « Nous cherchons l'île aux grenouilles ». Tournesol dit : « Cela nous a pris beaucoup de temps et nous ne savons toujours pas où elle se trouve. »

Orson dit : « Je ne sais pas où c'est. Mais mon amie la Princesse Trish y est allée. Je peux vous emmener sur son île ».

Orson commence à nager. Rana crie : « Orson, tu nages vraiment vite. Orson, s'il te plaît, ralentis pour que nous puissions te rattraper ».

Orson se retourne. « Je suis désolé, je ne me rends pas compte de la vitesse à laquelle je nage. Est-ce que vous avez quelque chose que vous pouvez attacher au bateau pour que je puisse vous tirer ? » Marguerite dit : « Où est la corde rouge que nous avons utilisée sur le Mont Couch qui devrait être utile ? »

« La voilà. » Marguerite dit : « Je vais te la lancer, Orson. » « Merci Marguerite, êtes-vous prêtes les filles ? Nous allons y aller, prêtes, prêtes, on y va », dit Orson.

Orson crie : « Êtes-vous prêtes ? » « Oui ! » crie
Rana. Orson crie : « Prêtes ! !! » Marguerite crie
: « C'EST PARTI ! !!!!! »

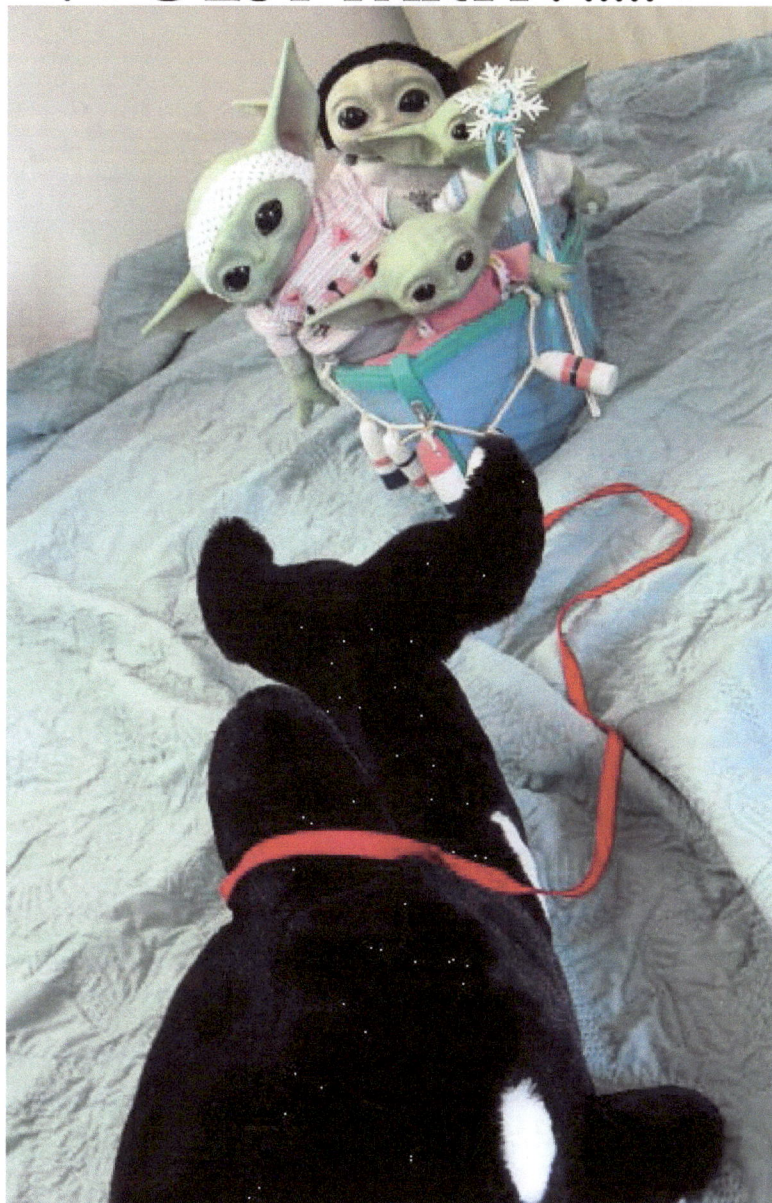

Tournesol crie : « Tiens bon Polli !!! "Ne t'inquiète
pas Tournesol, je vais bien ». Dit Polli.

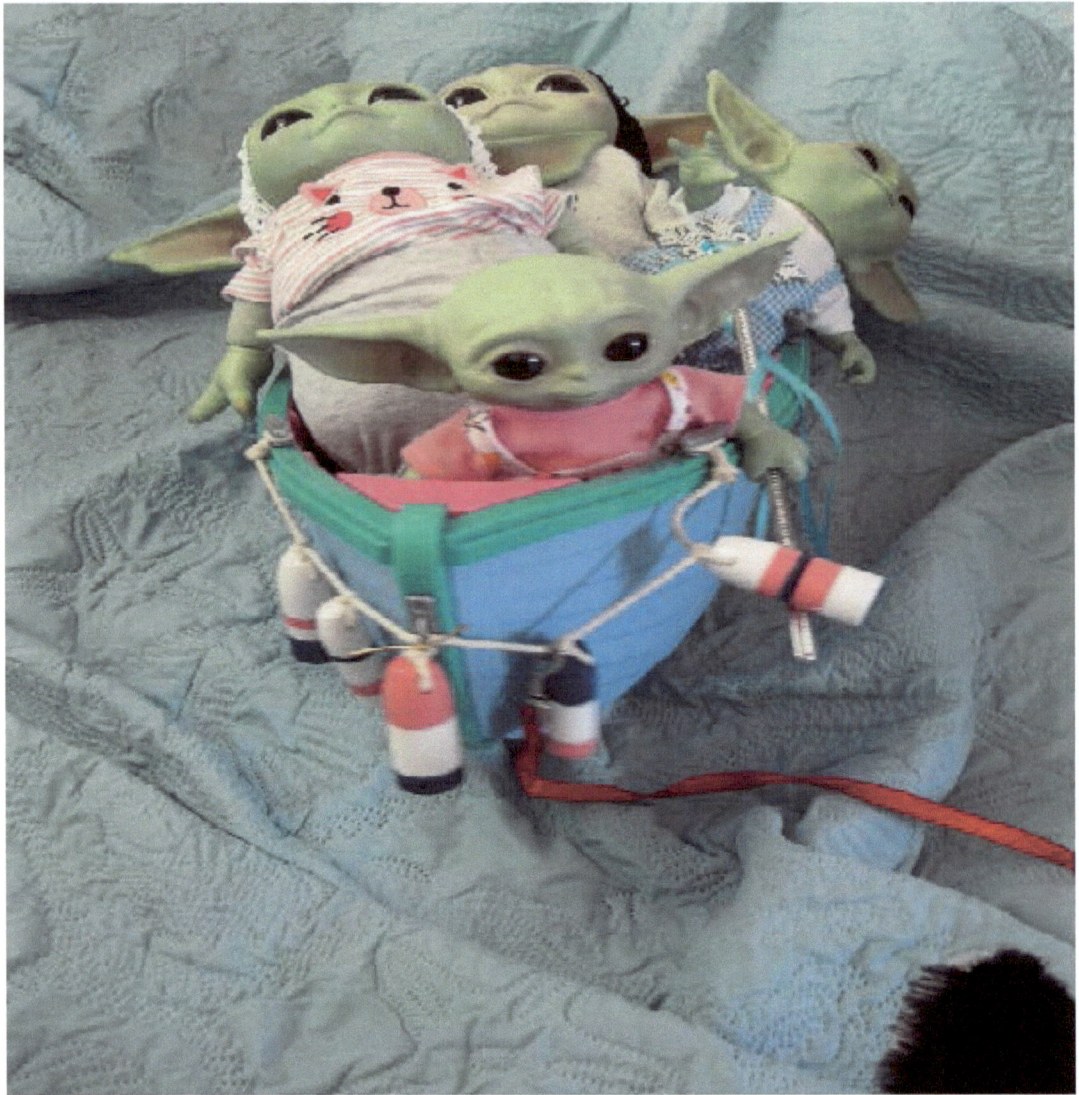

« Polli, je suis d'accord, j'espère que nous pourrons aller aussi vite pendant longtemps », dit Marguerite.

« L'île est juste là ». « Orson, merci beaucoup de nous avoir amenées ici », dit Tournesol. « Les filles, vous êtes les bienvenues, amusez-vous bien dans votre aventure ».

À l'unisson, les filles disent : « Nous le ferons et nous te remercions encore une fois, Orson. Nous espérons te revoir bientôt ».

PRINCESSE TRISH PINGOUIN

Polli se penche sur le bord du bateau, « Il faut que je sorte d'ici tout de suite ». Rana demande : « Polli, ça va ? pourquoi es-tu si pressée ? » « Rana, j'ai tellement faim que je veux aller chercher nos collations ». « Polli, nous pourrons toutes sortir du bateau dans quelques minutes, tu pourras attendre aussi longtemps, j'espère ». dit Rana en secouant la tête.

Une fois sur l'île, Marguerite agite la baguette. « Bonjour, je suis la princesse Trish Pingouin et mon amie Dottie Ours ».

« Bonjour, je suis Tournesol, voici Polli, ma petite sœur Marguerite et Rana. L'orque Orson nous a dit que tu pourrais nous aider à aller sur l'île aux grenouilles. Nous essayons de nous y rendre ».

La princesse Trish dit. « Je serai heureuse de vous dire ce que je sais sur l'île aux grenouilles. S'il vous plaît, rejoignez-nous pour le déjeuner. Nous allons manger du poisson ». Rana dit : « Nous aimons le poisson. »

La princesse Trish demande : « D'où venez-vous, les filles ? » Rana dit : « Nous vivons dans le Colorado. »

Polli prend la parole : « Nous avons fait une longue route jusqu'au Mont Couch et c'était sympa, nous avons pu glisser sur un pont de couvertures. » Princesse Trish dit : « Le pont des couvertures a l'air effrayant. »

Marguerite dit : « Ensuite, nous sommes allées à la grotte des oreillers et Dragon Donovan nous a donné des baguettes pour que nous puissions parler à tout le monde. »

Princesse Trish dit : « Vous avez vécu une telle aventure, les filles. »

Tournesol dit : « Nous sommes aussi allées sur l'île de l'Arbre de Noël. » « Avez-vous vu mes amis Allen et Glitter ? » demande Princesse Trish.

Princesse Trish dit : « Oui Tournesol, je suis allée sur l'île une fois, c'était très chouette. Les grenouilles sont très gentilles, elles aiment jouer à des jeux d'espérance. »

Rana demande : « Sais-tu comment y aller ? » Les filles s'éloignent de Donovan. Polli regarde le collier et se dit qu'il est temps de le mettre dans son sac à dos pour ne pas le perdre. « Polli, je pense que c'est une bonne idée ». dit Rana.

« Oui, c'est vrai. Ils sont très gentils. Il nous a dit de parler à l'orque Orson. Nous avons trouvé Orson. Il nous a amenées sur cette île. Peux-tu nous aider ? » dit Tournesol.

Princesse Trish baisse la tête, « Malheureusement non, je nageais un jour et j'ai été prise dans un courant et j'ai fini là. Je suis triste de n'avoir jamais retrouvé mon chemin retour ».

Tournesol dit : « Je suis désolée, Princesse Trish. Veux-tu te joindre à nous ? » C'est votre aventure. Les filles, vous devez faire ça toutes seules. « Dottie et moi accepterons votre offre la prochaine fois que vous irez ». dit la princesse Trish.

Rana dit : « Je ne veux pas dire cela, mais nous devons partir, nous avons encore un long chemin à parcourir. » Princesse Trish et Dottie disent : « Au revoir les filles, soyez prudentes. Attendez, j'allais oublier que mon ami Chester Crab est aussi passé par là et qu'il connaît peut-être le chemin ». « Au revoir Princesse Trish et Dottie. Merci pour tout. » Dit Rana, Tournesol Polli et Marguerite à l'unisson.

Tournesol crie : « Marguerite !!! Remonte dans le bateau maintenant !!!! Là, tu vas être mouillée ! !! À quoi tu pensais ???? Marguerite crie. « Tournesol, c'est toi qui m'as poussée hors du bateau ! !! »

« Oh, Marguerite, je suis tellement désolée, tu me pardonnes ? » « Tournesol, je te pardonne ». Dit Marguerite.

Polli dit : « Rana, nous avons rencontré des amis formidables et nous aimerions qu'ils viennent tous avec nous dans cette aventure. » Polli : « Il nous faudrait un plus grand bateau. Mais ce serait génial. Nous les reverrons », dit Rana.

LE ROI PIRATE LARS ET L'ÎLE DES SIRÈNES

Polli dit : « Je crois que je vois le crabe Chester ». Polli agite la baguette en forme de coquillage et l'appelle.

Chester le crabe nage jusqu'au bateau. Chester demande : « Pourquoi m'as-tu appelé ici ? J'ai des choses importantes à faire ». « Nous nous demandions si tu pouvais nous aider à nous rendre sur l'île aux grenouilles ». Princesse Trish dit : « Tu y es déjà allé ». dit Polli. Crabe Chester, qui est grognon, dit : « J'y suis allé une fois, et je ne veux pas y retourner, ces idiots ».

« Les grenouilles ne demandent qu'à sautiller et à jouer tout le temps ». Alors que Chester nage et s'éloigne, les filles crient : « Merci Chester et bon voyage. » Une fois Chester hors de portée de voix, les filles rient et s'étonnent de l'humeur grincheuse de Chester. Polli dit : « Eh bien, Chester est un crabe. » Tout le monde rit.

Les filles voient passer une tortue de mer. Rana agite la baguette. « Bonjour, peux-tu nous aider ? » « Bonjour, je suis Rylee. Comment puis-je vous aider ? » Rana dit : « Bonjour Rylee. Je suis Rana, voici Tournesol, Polli et Marguerite. Nous essayons d'aller sur l'île aux grenouilles, sais-tu comment y aller ? » Rylee répond : « Je suis désolée, je ne sais pas comment y aller. Mais le pirate Lars, au Rocher du Crâne, le sait peut-être. »

Tournesol demande : « Rana, est-ce que c'est le Rocher du Crâne là-bas ? » « Je crois que oui, Tournesol. Je pense que c'est Lars qui sort du crâne. » répond Rana. « Demandons au pirate s'il est le Roi Pirate Lars et voyons s'il peut nous aider. »

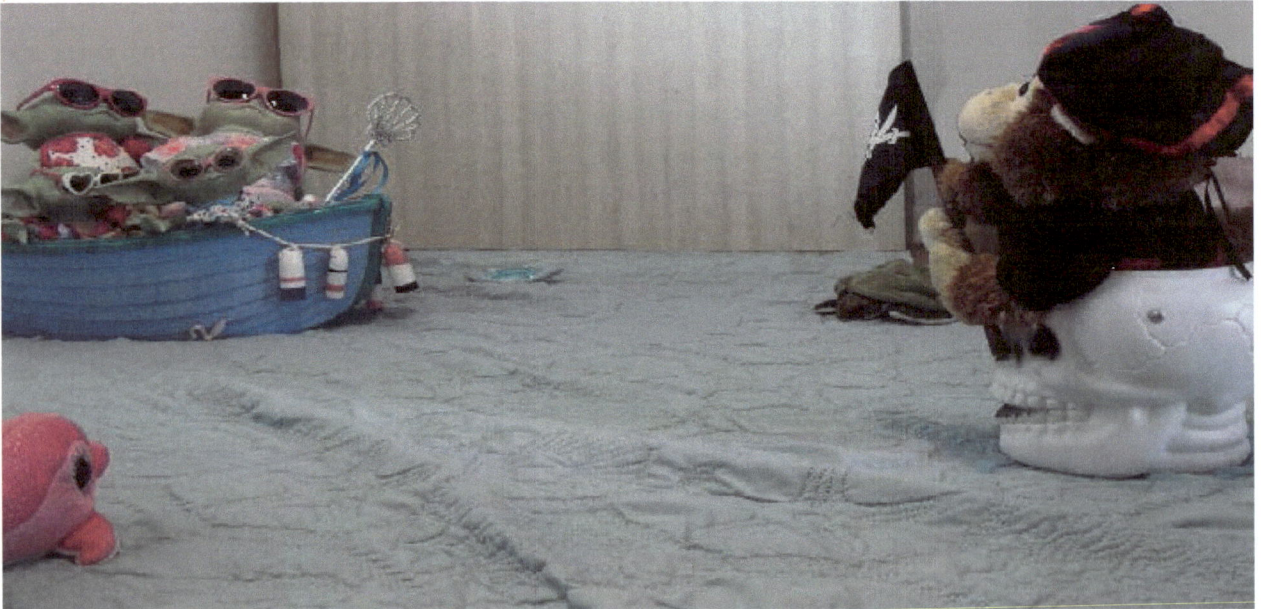

Lorsqu'elles arrivent près du Rocher du Crâne, elles entendent : « Qu'est-ce que vous faites ici ? ». Demande le Roi Pirate Lars. Tournesol demande : « Êtes-vous le Roi Pirate Lars ? » « Oui, je le suis, vous pouvez m'appeler Lars. Puis-je vous demander qui vous êtes ? »

« Je suis Tournesol, voici Marguerite, Polli et Rana. C'est un plaisir de te rencontrer, Lars. Nous sommes à la recherche de l'île aux grenouilles et nous espérons que tu pourras nous aider. » Lars répond : « Je n'ai pas quitté mon rocher depuis des années ».

« Les sirènes de l'île de l'Éléphant le savent peut-être. Continuez à aller vers le sud comme vous le faites. L'île de l'Éléphant n'est pas difficile à trouver ». « Merci, Lars, pour ton aide. Nous espérons te revoir », dit Tournesol.

Marguerite s'écrie : « Je vois les sirènes là-bas ».

Alors que nous approchons de l'île de l'Éléphant, Tournesol agite la baguette du coquillage. « Bonjour, je suis Natalee. Voici l'ourse Laura et Bernadette ». « Bonjour, je suis Rana, voici Tournesol, Marguerite et Polli ». « Bernadette dit : » Je suis ravie de vous rencontrer. Appelez-moi Bernnie.

« Je me demandais si vous aviez du cola à boire ? » « Oh Bernnie, tu as le cola dans la tête, » dit Natalee. « Polli dit : » « Malheureusement, nous n'avons pas de cola ».

«Connaissez-vouslechemindel'îleauxgrenouilles ? » demanda Tournesol. « Malheureusement, les filles, non, car tout ce que nous savons, c'est que ce n'est qu'un mythe. Peut-être que Niko le dauphin connaît puisqu'il nage partout », dit Natalee.

« Merci quand même », dit Rana. « Au revoir Laura, Natalee et Bernnie ». « J'espère que nous pourrons revenir vous rendre visite un jour ». Les filles disent à l'unisson. « Au revoir les filles. Restez en sécurité », dit Laura.

LE DAUPHIN NIKO

Après ce qui semble être une éternité et n'avoir vu que de l'eau. Rana se plaint : « Je m'ennuie, il ne se passe rien. » Tournesol dit : « Rana, nous ressentons tous la même chose. »

Polli dit : « Je crois que je vois le dauphin Niko » Rana agite la baguette en forme de coquillage. « Es-tu Niko ? »

« Bonjour, je suis le dauphin Niko ». « Bonjour, je suis Polli, voici Marguerite, Tournesol et Rana ».

« Les sirènes nous ont dit que tu pourrais nous aider à aller sur l'île aux grenouilles ». dit Rana. Niko répond : « Je sais comment aller sur l'île des grenouilles. Je n'ai pas le temps de vous accompagner, mais je peux vous emmener là où se trouve le courant qui vous y conduira ». « Niko, ce serait merveilleux. Nous apprécions ton aide ». Les filles disent à l'unisson.

Polli et Marguerite demandent : « Niko, on peut monter sur ton dos ? » Niko répond : « Bien sûr, montez, je ne vais pas nager trop vite pour que vous puissiez tenir le coup ».

Polli et Marguerite rient et couinent tout le temps. Tournesol crie : « Marguerite et Polli accrochez-vous bien ! » Tournesol et Rana n'entendent que Polli et Marguerite qui disent combien elles s'amusent.

Niko emmène les filles au début du courant. Niko aide Polli et Marguerite à remonter dans le bateau. Niko dit : « L'île aux grenouilles se trouve tout au sud, à la fin du courant. Vous devez attendre de voir la Croix du Sud dans le ciel et alors le courant commencera. Si vous vous perdez, les raies ou les tortues peuvent vous aider, elles adorent jouer dans le courant. J'espère que cela vous aidera, les filles. Il faut faire très attention au courant, il peut être violent et vous ballotter dans votre bateau ».

« Merci, Niko, au revoir, à bientôt ». Disent les filles à l'unisson.

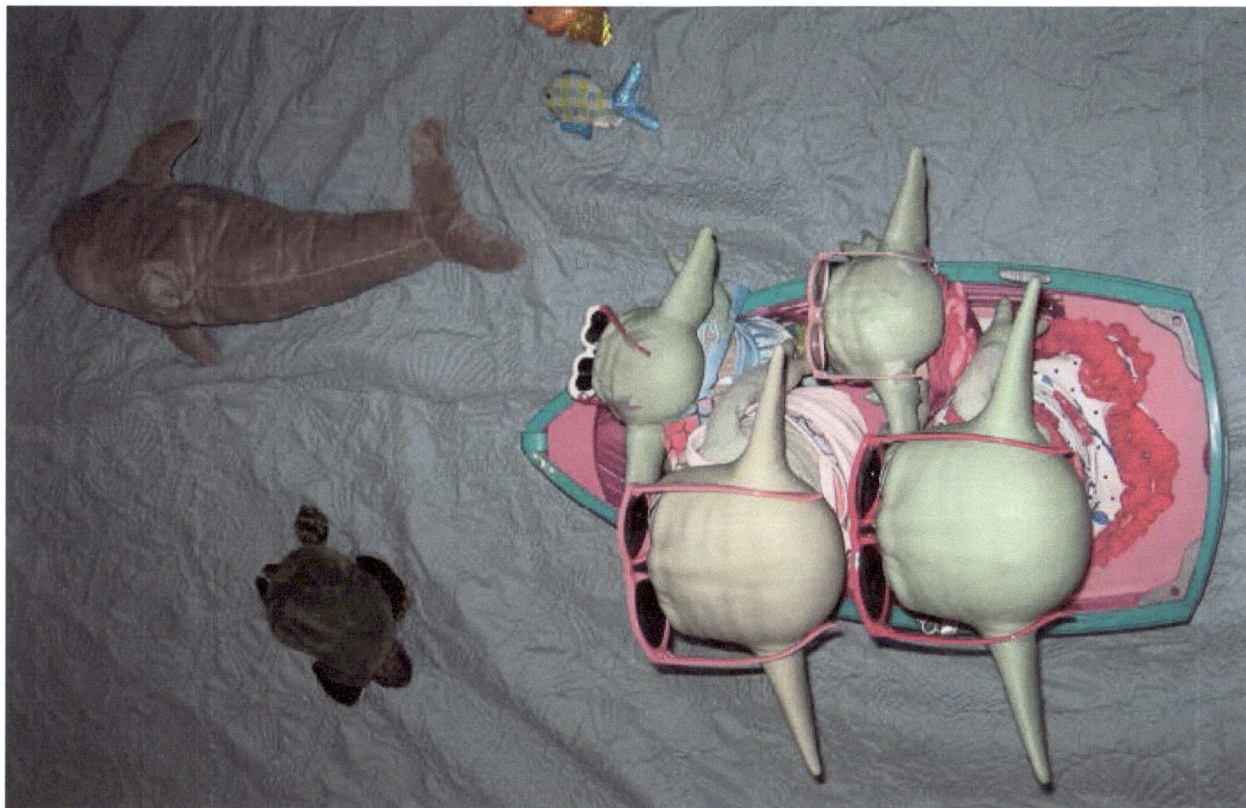

LA CROIX DU SUD

« Regardez là-bas, c'est un magnifique poisson tigre », dit Polli. Polli dit : « C'est l'un des plus beaux poissons que j'aie jamais vus », dit Marguerite.

Rana demande : « Combien de temps pensez-vous qu'il faudra pour que la Croix du Sud sorte de l'eau ? » Marguerite dit : « Pour une fois, nous savons quelque chose qu'ils ne savent pas. »

« Vous voulez bien nous le dire ? »

dit Polli « On ne peut la voir que dans l'hémisphère sud ». « Merci Marguerite et Polli. Je pense que nous ne devrions pas vous reprocher de toujours regarder des livres d'astronomie », disent Tournesol et Rana.

Tournesol dit : « Je pense qu'il faut trouver un moyen de nous maintenir dans le bateau. Rana, tu crois que nous pouvons nous attacher tous ensemble ? » « Tournesol, je pense que c'est une excellente idée. Nous pouvons utiliser la couverture. Polli met le collier que Donovan nous a donné », dit Rana. Polli dit : « Je vais le faire. Est-ce que ça va être si dur ? » « Polli, je pense qu'il faut juste faire attention », dit Rana.

Rana et Tournesol se tiennent la main pour s'assurer que Marguerite et Polli bénéficient d'une protection supplémentaire. « Tout le monde se sent à l'aise ? Je ne sais pas combien de temps nous allons rester ainsi. Je pense que nous serons en sécurité dans le courant ». Dit Rana

Tournesol demande : « A quel point pensez-vous que cela va empirer ? » « Tournesol, je pense qu'il vaut mieux prévenir que guérir. N'oublie pas que la princesse Trish Pingouin est passée par là sans bateau et toute seule. Nous nous en sortirons ». Répond Rana.

« Regardez la croix dans le ciel, c'est magnifique ». Dit Tournesol.

« Tournesol, je ne vois pas ce qu'il y a derrière moi. Accrochez-vous toutes bien ». Dit Rana.

Tout à coup, le courant s'empare du bateau !
« TENEZ BON !!!!! TENEZ BON !!!! » hurle
Rana.

« J'ai l'impression que nous sommes ballottés
depuis des jours, quand pensez-vous que nous
serons sortis du courant ? » Demande Polli. « Je
ne sais pas », répond Rana.
« Nous allons nous en sortir ensemble ». "

« Rana, je crois qu'on va tomber à l'eau ! !! »
hurle Tournesol.

« Tournesol, ça va aller, tiens bon !!! » Crie Rana

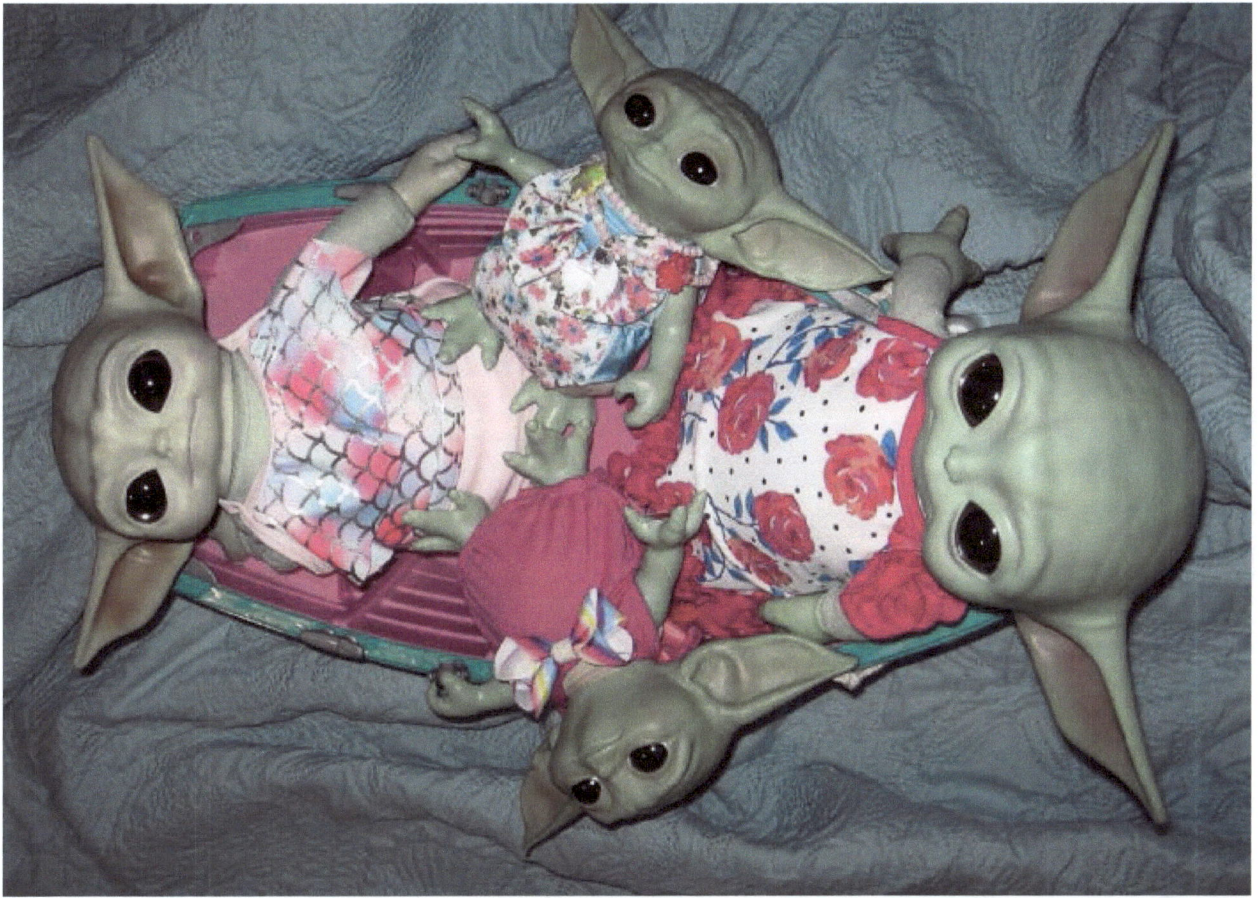

Tout à coup, l'eau devient calme. « Je crois que nous sommes enfin sortis du courant ». dit Rana. Tournesol est d'accord : « Je pense que nous devons nous détendre et essayer de situer où nous sommes. »

« Marguerite, tu as l'air un peu verte ». dit Tournesol. « Tournesol, je ne me sens pas très bien ». « Ce n'est pas grave, tout le monde vomit. Tu vas t'en sortir, ta grande sœur est là ». dit Tournesol. Rana dit : « Oh non Polli, tu tombes malade toi aussi ? » « Rana, je le serai si je surveille Marguerite », dit Polli.

Les quatre filles se laissent tomber pour se détendre. Harley, le poisson-tigre, arrive à la nage. « Les filles, ça va ? J'ai vu ce que vous avez vécu. C'était plus dur que d'habitude. Je suis content que vous ne soyez pas tombées de votre bateau ».

Rana dit : « Je pense que nous allons toutes bien. Merci ».

L'ÎLE AUX GRENOUILLES

« Polli, je crois que j'entends des croassements. J'aimerais que ce bateau avance plus vite ». dit Tournesol.

Plus nous nous approchons de l'île, plus nous entendons des croassements. .

Polli dit : « Je pense qu'elles essaient de nous indiquer où nous voulons aller. »

« Je crois que tu as raison, Polli ». dit Tournesol.

« Attendez, je ne vois rien ! » Crie Marguerite.

« C'est mieux Marguerite ? »

« Oui, merci. »

Les filles sont très heureuses d'arriver sur l'île.

Rana crie : « Bonjour ! On peut débarquer ? »

Elles voient beaucoup de grenouilles et sortent rapidement du bateau.

« Je suis Cody McRibbit, voici ma femme, Jessi. Je vous présente April Hopit. Justin Jumpy et Andrew Surfer. Là-bas, c'est Jasper et Jerrod ». « Puis-je vous demander qui vous êtes ? »

« Je suis Rana, voici ma petite sœur Polli, voici
Tournesol et sa petite sœur Marguerite. J'ai rêvé
de votre île et nous aimons les grenouilles et nous
voulions venir visiter votre île ». « Nous sommes
toujours heureux d'accueillir de nouveaux amis
». dit Jessi.

April dit : « Nous nous apprêtons à faire un barbecue, aimeriez-vous vous joindre à nous ? » Les filles disent toutes à l'unisson : « Oui, s'il vous plaît. Nous adorons les barbecues. »

« April, je n'en reviens pas de la quantité de nourriture que vous avez et tout a l'air si bon », dit Rana.

« Regardez tous les plats que Cody prépare », dit Rana.

Cody dit : « Nous aimons passer du temps ensemble et le barbecue ne fait qu'améliorer les choses ». Tournesol décide de s'allonger et de se détendre un peu de leur aventure. April entend Tournesol marmonner : « Je n'arrive pas à croire que nous sommes arrivées jusqu'ici en un seul morceau. »

« Rana, on dirait bien que Marguerite et Polli se sont liées d'amitié avec Justin et Andrew », dit Jessi. « Jessi, c'est vrai. On dirait qu'Andrew veut les emmener faire du surf et que Justin veut jouer au frisbee ». « Ce n'est pas nouveau, c'est tout ce que ces deux garçons ont toujours voulu faire ». dit Jessi.

Rana rit et dit : « Polli veut toujours essayer quelque chose de nouveau ». « Je le crois, il suffit de regarder l'aventure que vous venez de faire toutes les quatre. Vous êtes très courageuses ». dit Jessi. « Merci, Jessi. C'était très sympa, mais le courant était très effrayant ». dit Rana. « Je crois qu'on a fait faire des crises cardiaques à Tournesol plusieurs fois ».

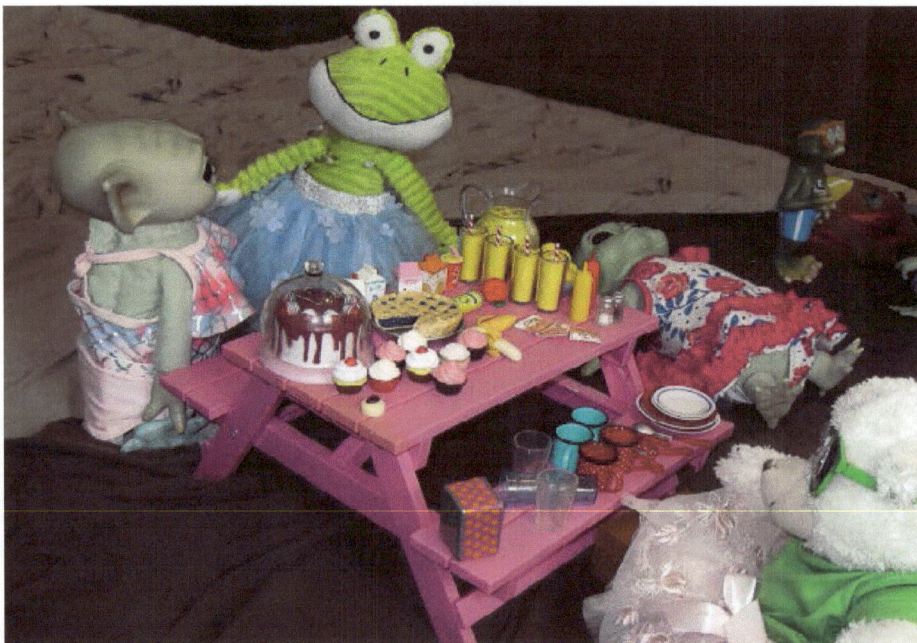

« J'ai entendu ça, Rana, et ce n'était pas drôle quand je suis tombée de la Montagne de la Table », dit Tournesol. Rana se met à rire....

Après de nombreuses heures de repas, de rires et de jeux, la nuit commence à tomber. Tournesol appelle Polli et Marguerite : « Il se fait tard et nous avons des millions de kilomètres à parcourir pour rentrer à la maison. » Polli et Marguerite répondent : « On ne peut pas rester plus longtemps ? On s'amuse tellement ! » « Non, nous devons partir. »

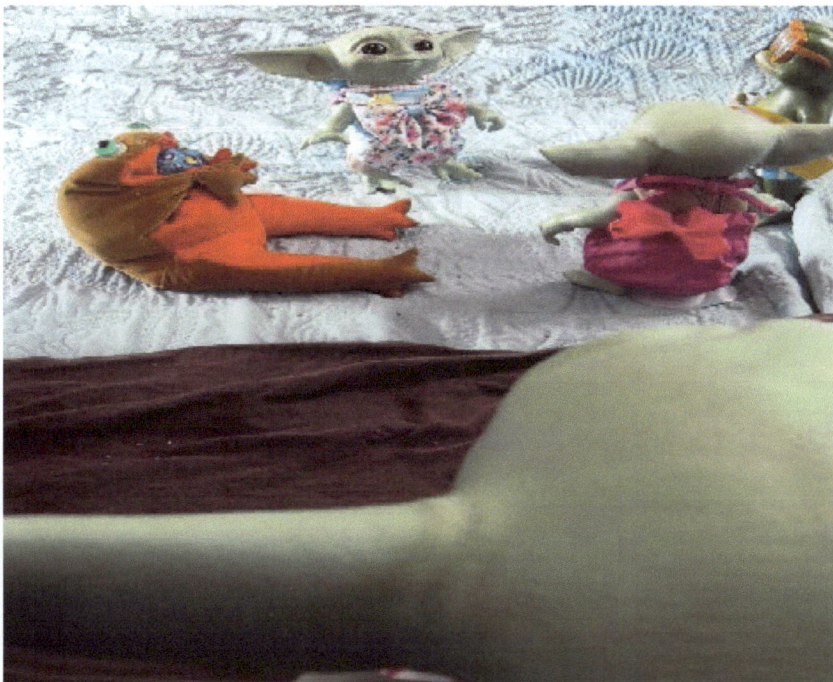

Cody dit : « Vous êtes parties depuis très longtemps, je sais que vous manquez à vos mères ».

« Avant que vous ne partiez, Jessi et moi avons un cadeau pour vous afin que vous puissiez venir nous rendre visite quand vous le souhaitez ». Les filles se rassemblent autour de Cody et Jessi. Cody leur donne un cerceau et leur dit : « Ce n'est pas un cerceau normal, c'est un cerceau de voyage ».

Polli regarde Tournesol. « Qu'est-ce que Cody raconte ? » Tournesol dit : « Polli continue d'écouter Cody, il va tout t'expliquer »

« Polli, ce que je veux dire par un cerceau de voyage, c'est qu'il t'emmènera à n'importe quel endroit où tu souhaites aller et qu'il t'y emmènera. Comme ça, tu pourras revenir nous voir ou aller où tu veux ». Explique Cody. .

« Cody, comment peut-on rendre le bateau de Donovan à ce dernier ? » Demande à Rana Cody dit : « Rana, nous pouvons mettre le bateau dans le cerceau et le renvoyer à Donovan. Nous mettrons une note pour que Donovan sache comment nous renvoyer le cerceau ».

Rana prend son carnet de notes dans le bateau et écrit une note à Donovan. Cher Donovan, Nous sommes arrivées à l'île aux grenouilles et nous passons un moment merveilleux. Cody et

Jessi McRibbit nous ont offert un cerceau de voyage. Nous voulions te rendre ton bateau. Une fois ton bateau sorti du cerceau, renvoie-nous le cerceau. Tout ce que tu as à faire, c'est de dire dans le cerceau « Va à l'île aux grenouilles ». Nous nous reverrons bientôt. Merci pour tout Rana, Polli, Tournesol et Marguerite. Cody place le cerceau autour du bateau. Rana met le mot dans le bateau. « Cody, qu'est-ce qu'on fait maintenant ? »

Cody donne l'instruction suivante : « Rana met le mot dans le bateau et sort du cerceau ».

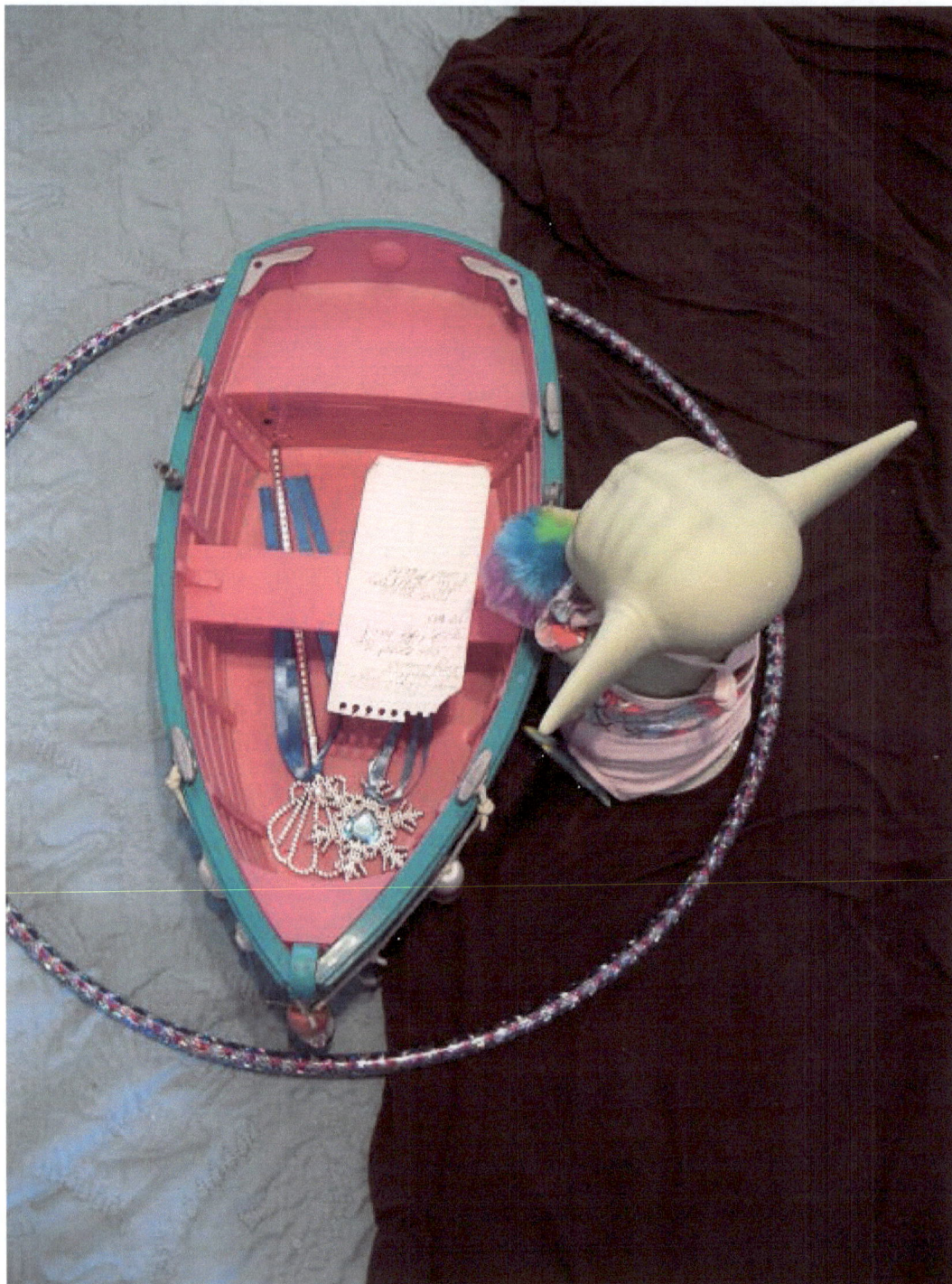

« Maintenant, vous devez toutes les quatre vous tenir la main et dire dans le cerceau : » S'il te plaît, ramène ce bateau au Dragon Donovan. dit Cody aux filles. « Aussitôt qu'elles ont terminé leur phrase, le cerceau à souhaits est parti en un clin d'œil ».

Marguerite dit : « Wow, c'était rapide ». Quelques minutes plus tard, le cerceau réapparaît à côté de Cody. Marguerite dit : « C'était rapide, mais je crois qu'il faut rentrer à la maison maintenant. » « Marguerite, il est temps pour vous de rentrer chez vous. Mais n'oubliez pas que vous pouvez revenir quand vous voulez », dit Jessi. « Nous avons hâte de vous revoir, les filles. » ”

Rana, Tournesol, Marguerite et Polli entrent dans le cerceau à souhaits. Cody dit : « Rappelez-vous que tout ce que vous avez à faire, c'est de vous tenir la main et de dire où vous voulez aller ».

Tournesol, Rana, Polli et Marguerite se tiennent la main et disent : « Nous voulons rentrer à la maison ». Le cerceau à souhaits et les quatre filles disparaissent de l'île aux grenouilles et apparaissent soudain à côté du clubhouse. En sortant du cerceau à souhaits, elles disent toutes : « Wow, regardez, nous sommes de retour à la maison ».

« C'était une journée tellement géniale, où devrions-nous aller ensuite ? » demande Polli. Alors que les filles s'éloignent du cerceau, elles demandent aux lecteurs : « Si vous pouviez aller n'importe où, où iriez-vous dans votre cerceau à souhaits ? »

www.ingramcontent.com/pod-product-compliance
Lightning Source LLC
Chambersburg PA
CBHW061139030426
42335CB00002B/42